MAESTRÍA EN OPCIONES DE MERCADO BURSATIL - LA GUÍA COMPLETA PARA EL 2020

DESCUBRE LAS ESTRATEGIAS SECRETAS DE INVERSIÓN PARA INVERTIR EN ACCIONES, FUTUROS Y FOREX. CREAR INGRESOS PASIVOS EN LÍNEA A TRAVÉS DEL COMERCIO DIARIO, INCLUSO EN UN COLAPSO DEL MERCADO - PARA COMERCIANTES INTERMEDIOS Y AVANZADOS

GREGORIO AVENA

información contenida en este documento, incluidos, entre otros, - errores, omisiones o inexactitudes.

ÍNDICE

INTRODUCCIÓN

Cada vez son más las personas que tienen el deseo y hasta cierto punto la determinación de encontrar caminos alternos al mundo laboral, y ante esta realidad surge otra más evidente aun, y es el hecho de que la mayoría de esas personas que quieren liberarse de su estructura laboral tradicional, o bien aquellos que desean encontrar métodos distintos para generar un ingreso extra que les ayude a compensar sus ganancias brutas mensuales están volteando la mirada hacia internet.

Ante esta realidad hay ciertos nichos que han venido en auge, sobre todo por la mudanza que algunas profesiones han hecho del plano normal al plano web; de lo que hablo un vivo ejemplo es sin duda el mundo del mercado financiero global.

Una de las características fundamentales y maravillosas que puede haber surgido como consecuencia de la mudanza de la que hablamos es que esto ha abierto la posibilidad de ingresar al mundo del trading a casi cualquier persona, para ello solo requeriría una computadora y una buena conexión web.

Ahora bien el mundo del trading podría ser si se quiere mal entendido por los menos expertos, aquellos que como opción solo se toparon con esta opción y consideraron que podría ser la opción que estaba buscando, y eso está bien, en todo caso lo que podría resultar peligroso de todo esto podría ser una muy baja información con aspectos claros sobre lo que en realidad es y no es el trading.

En torno a eso me gustaría tomar un momento para despejar algunas duda en ese sentido, pero básicamente por el momento, lo que no es trading; no se trata de un juego virtual con el cual puedas divertirte y hacer algo de dinero, tampoco se trata de un medio que te podría brindar unos dineritos extras dedicando muy poco tiempo al día, sobre esto último, sabemos que es una verdad a medias, porque en realidad y según como lo veremos en este estudio más adelante, si, existen métodos sistematizados a través de los cuales podrías trabajar el trading sin mucho esfuerzo, pero es preciso señalar que estos métodos no son algo fortuito, sino que te serán efectivos a la medida de que tu conocimiento puedas aplicarlo en él para obtener lo que deseas.

Dicho eso solo trato de aclarar que el trading es un verdadero negocio, con todas las letras y los acentos necesarios, es la posibilidad de desarrollar un negocio virtual a la altura de las grande bolsas de valores y con los que, basado en una buena preparación y dedicación, podrías incluso alcanzar a tener grandes fortunas.

Ahora, corresponde aclarar algo más, existen varios tipos de trading entre los que podemos mencionar:

- Trading de opciones.
- Trading direccional.
- Trading a contra tendencia.
- Swing trading.
- Day trading.

Cada uno de estos modelos de trading poseen sus propias particularidades, algunos beneficios y desde luego sus desventajas particulares, pero por otro lado el uso de cada uno de estos modelos de trading también dependerán desde luego de ciertas características del trader (quien ejerce la acción del trading).

Cada modelo se ajusta a cada caso particular, por ejemplo hay modelos para grandes inversiones, medias o bajas, hay algunos modelos inclusos ajustados a ciertos contextos particulares como legislación de algunos países, etc.

En esta oportunidad vamos a hablarte de trading de opciones, una modalidad que resulta altamente positiva y útil sobre todo para aquellos casos en los que no se posea una gran experiencia, por su practicidad por sus oportunidades y sobre todo por el tema de la accesibilidad se hace una sección del trading altamente recomendable para ti.

Dentro del mismo trading de opciones encontraras una serie de "opciones" que diversifican entonces la forma de ingresar en el mundo del mercado financiero a través de esta estructura de negocio, "opción Put, opción Call, las opciones de acciones y otras, te las vas a encontrar en este apartado que servirán de herramienta para que definitivamente puedas ingresar en este maravilloso mundo y no mueras en el intento.

Úsalo a manera de guía y apunta cada uno de los consejos que de forma sencilla se ha tratado de transmitirte con la única intención de tomarte de la mano y llevarte de manera eficaz a conocer todo lo que necesitas saber sobre el trading de opciones.

TRADING DE OPCIONES: ASPECTOS BÁSICOS

*E*n primer lugar vamos a evaluar los aspectos básicos sobre esto, lo primer que debemos determinar en este momento es ¿Qué es trading?, el trading fundamentalmente consiste en la compra dentro de los mercados financieros del mundo de activos para una posterior venta, desde luego con la intención de obtener ganancias financieras a plazos cortos, podríamos hablar de días, o incluso horas.

Hoy en día muchas personas con el deseo de poder liberarse de las estructuras laborales tradicional buscan diferentes opciones de crear ingresos a través de la web, y una de las áreas hacia las que van enfocando su mirada es particularmente esta, es que a muchos les parece realmente atractivo un área que para otros puede resultar una pesadilla.

Sin embargo aventurarse dentro del mundo del trading no se trata de una decisión en si misma sencilla, para poder ingresar en el mundo del trading se necesita indudablemente buena preparación.

Básicamente y gracias al internet, el trading es algo que puede hacer alguien que básicamente tenga una computadora con acceso a internet, sin embargo como ya hemos dicho antes es importante tener una buena argumentación para poder tener el éxito en esta carrera.

De las formas variadas que existen para hacer efectivamente el trading vamos a evaluar lo respectivo específicamente al trading de opciones.

Cuando hablamos de trading de opciones nos referimos a una modalidad de contrato en la que un comprador (trader) tiene la oportunidad de adquirir el derecho sobre un activo, pero no necesariamente la obligación de comprar o vender dicho activo, el valor de la compra de dicho derecho está fijado en un costo, con la característica que tendrá un tiempo estipulado para poder ejercer una acción sobre ese derecho, de lo contrario al expirar este tiempo el derecho quedara sin ningún efecto.

Definición de las opciones

No existe otra más sencilla que decir que una opción es un derivado financiero, se trata de una especie de contrato con fines legales que permite o da el absoluto derecho de realizar una venta o una compra de un activo en un tempo determinado, (este tiempo se conoce como "fecha de ejercicio") en el caso del vendedor su deber será cumplir a cabalidad con los términos de la transacción, es decir se trata de vender o comprar en el caso en el que el comprador decida "ejercer" dicha opción en una fecha previa al cumplimiento de la fecha de vencimiento.

RAZONES PARA HACER TRADING DE OPCIONES

*Y*a hemos mencionado de manera quizás muy breve la definición más básica que podemos realizar acerca de lo que realmente es el trading de opciones, por ahora vamos a ver de forma más detallada varias de las razones objetivas que hacen que este mecanismo de trading sea tan altamente recomendable.

Estrategia de bajo costo

Como habíamos mencionado antes, esta es una de las características que la convierten en algo realmente productivo, y eso es definitivamente su carácter económico, ya que dentro del contrato de opciones puedes adquirir el beneficio de la contratación solo por una "prima" del valor real del activo, o una cuota muy baja solicitada por el otorgante, y recibes el derecho pleno de decidir en los tiempos estipulados del contrato sobre el destino del mismo

Diversidad

Como hemos visto, dado que los costos resultan mucho más económicos que adquirir todo un stock real, entonces puedes sacar mayor provecho al poder beneficiarte de una gran cantidad de oportunidades para invertir, de esa manera llevaras tú capital a otro nivel, y aumentaras así sin duda alguna el enorme potencial para tus ganancias.

Mayores beneficios

Existe una oportunidad enorme de sacar un gran beneficio en muy poco tiempo con este modelo de inversión, ya que si cambia la acción sacarás mayor beneficio con una opción, veamos un breve ejemplo: asumamos la idea que una acción tiene un incremento de 25 dólares y se posiciona en 50 dólares, esto se traduce entonces que obtendrías una ganancia neta del 100%.

Las opciones pueden tener éxito donde otros sectores fallan

Al momento que otros sectores dentro del mercado

financiero pueden presentar fallas estructurales, las opciones se mantienen intactas cosechando los mismos éxitos, esto se debe fundamentalmente a que no es del todo necesario ejercer tu opción para así obtener beneficio de ello, de hecho, la misma volatilidad en si misma podría sin duda alguna resultarte rentable

CONSEJOS PARA HACER TRADING DE OPCIONES

En primer lugar vamos a evaluar una serie de pasos a manera de consejos que quiero mencionar para que tomes muy en cuenta a la hora de hacer trading de opciones.

Crea tu cuenta en un bróker

Se hace completamente preciso que lo primero que consideremos en este paso es poder aclarar que es un bróker, esto es la plataforma por medio del cual podrás realizar todas tus operaciones, son, dicho de alguna manera, el intermediario entre un comprador y un vendedor.

Inicialmente un inversor podría tener acceso a los mercados financieros únicamente a través de entidades bancarias importantes o en su defecto por medio de las llamadas sociedades de valores, sin embargo gracias a esta maravillosa herramienta como lo es internet se desarrollaron métodos muy útiles a través de la web con este objetivo.

Uno de los beneficios más importantes que se pueda obtener de estos bróker on line es la maravillosa posibilidad de que cualquiera, o casi cualquier persona con simplemente tener una computadora de rendimiento mediano y acceso a internet puede ingresar y formar parte del mercado financiero haciendo inversiones en el mercado de cualquier lugar del mundo sin ningún tipo de desventajas, es decir a condición de iguales.

Encontrar bróker en los cuales poder crear tu cuenta, habrán en cantidades, sobran las plataformas que pueden ofrecerte la posibilidad de ingresar en este mundo de la inversión en bolsa, sin embargo lo que realmente resulta complicado es encontrar una plataforma que cumpla tus expectativas y cubra tus necesidades personales, de manera que para elegir la opción adecuada a tus necesidades deberás consi-derar los siguientes factores:

1. *El factor costo:* lo primero que debes evaluar es las comisiones ofrecidas por los diferentes

bróker, es posible que te encuentres con algunos bróker con ofertas de comisiones incluso de comisión cero en el caso de las opciones de trading, asegúrate entonces que el formato de tarifas resulte lo más sencilla posible, y que no haya costos escondidos, debes tener la completa garantía de hacerte de diferenciales que sean altamente competitivos.

2. *¿Qué tipo de cuenta quieres?:* asegúrate plenamente si estas interesado en acceder a opciones de transacciones por días, en cuenta de efectivos, o en su defecto preferirías una cuenta de margen, la diferencia estaría que con una cuenta de efectivos únicamente tendrás la posibilidad de negociar solo el capital real con el que cuentas, mientras que una cuenta de margen te brinda la posibilidad de solicitar capital prestado al bróker para crear la suma capital para las operaciones que vayas a realizar.

3. *Enfócate en la plataforma:* considera que será allí donde pasaras una alta cantidad de tiempo, de manera que debes asegurarte de escoger una plataforma que te ofrezca absolutamente todos los gráficos pero sobre

todo las herramientas técnicas que harían efectiva una operación exitosa.

Además de esto debes pensar en algo, si eres de las personas que necesitan por diversas razones mantenerse en constante movimiento debes asegurarte de buscar algunas aplicaciones que puedan resultar muy útil para los teléfonos móviles o tablets.

Planifica tu estrategia

Una vez hayas llevado a cabo absolutamente el paso inicial, estás listo para empezar a desarrollar tu estrategia de trabajo que resulte completamente eficaz a través de dicho bróker, debes considerar y tener en cuenta que estas estrategias de las que estamos hablando que llevaras a cabo para el trading de opciones diarias, son en realidad muchas y completamente diversas, algunas podrían resultarte muy sencillas pero otras podrían ser realmente algo complicadas. Vamos a ver algunos ejemplos de esto, pero antes hay dos elementos de vital importancia que quisiera mencionar.

Gráficos y patrones

Lo más probable es que hagas uso de gráficos al igual que patrones a través de los cuales podrás predecir el futuro de los movimientos de precios, la hipótesis sobre esto es muy sencilla, "la historia es repetitiva", esta afirmación es la más aceptada por muchos trader que se han hecho millonarios a través de este método y basados en esa idea se llevan a cabo mucho de los pronósticos de comportamiento del mercado.

De manera entonces que requerirás de gráficos que tengan la capacidad de mostrar los mejores indicadores para las opciones de trading sin embargo estas podrían variar entre una y otra estrategia, pero veamos que incluyen estas gráficas.

- Lo primero debe ser los indicadores de la relación put – cat
- Además de esto los índices del flujo de dinero
- Otro detalle importante seria los intereses abiertos
- El índice de fuerza relativa
- Y por último las bandas de bollinger

Si existe un consejo que podría ser definitivamente útil para realizar trading de acciones, indudablemente será el tema educación, hoy por hoy encontramos cientos de personas que alegan ser los estrategas y superdotados en el área, y ofrecen métodos y formulas casi mágicas para que sin ningún tipo de preparación previa te aventures a confiar en sus métodos.

La manera más sensata de que puedas ingresar en el mundo del trading en cualquiera de sus vertientes incluyendo el trading de opciones es sin duda alguna la educación, maneras para hacerlo existen en cantidades.

El factor tiempo

Considerar el tiempo de ingreso al igual que el momento en el que abandonas la operación es completamente determinante, pero además de esto también la planificación para el siguiente día de trading, las estrategias de opciones que resultan realmente funcional tienen detrás de ellos un trader que siempre está listo para comenzar.

Consejos puntuales para el trading de opciones

Habiendo dicho todo esto, ahora veamos los consejos puntuales para que el ingresar en el universo del trading de opciones no represente un peligro para ti, sino en realidad una de las mejores oportunidades de ingresar en el mercado financiero y sacar el mayor provecho de tu dinero a través de inversiones inteligentes

- *Vuelve a los libros:* una de las maneras definitivamente de acceder a la información y poder de manera autodidacta prepararte con éxito en la carrera de los mercados financieros es volver a los libros, existen numerosos tomos y tratados sobre este tema, pero no solo los que encuentras en una biblioteca, a través de la red podrás encontrar un sinfín de material con información muy atractiva, audio libros en cantidades listos para enseñarte a muy bajo costo.

- *Cursos:* pues desde luego que no hay nada mejor que encontrarte en un aula con un monitor que pueda llevarte de la mano en tu proceso de formación para que así cuentes con una asistencia inmediata ante las dudas y posibles errores.

- *Salas de chat:* sin embargo si eres de los que les gustaría estar en un aula pero se te podría dificultar, es comprensible, motivos como el tiempo, carencias de cursos en tu localidad, o cualquier otro factor, cuentas con una opción maravillosa que serían las salas chat, en sus diferentes versiones, podría tratarse video chat o asistencia a través del chat tradicional.

- *Tutoriales en video:* se dice que en la actualidad quien no estudia o quien no se dedica al aprendizaje es definitivamente por que no quiere, tenemos plataformas completamente gratis por medio de la que podemos encontrar todo tipo de cursos y talleres a manera de tutoriales entre otros, acceder a la plataforma de YouTube es un excelente medio por el que puedes encontrar mucho material al respecto.

- *Formatos pdf:* es lo maravilloso del mundo web, la multiplicidad de formatos con los que podemos encontrar números de información, en este caso podrás encontrar cursos fantásticos en formato pdf algunas plataformas incluso podrían ofrecértelas en Word que para los amantes de la lectura y autodidactas resultara altamente beneficioso como por ejemplo "las opciones de trading diarias de Tom Demark" en pdf

- *Participación en foros:* esta opción es una oportunidad a la que le sacaras mucho provecho pero muy depende de tu destreza y capacidad de búsqueda, se trata de participar en foros de valor en las distintas plataformas, y además formas variadas en que puedes encontrarlas.

Por ejemplo al ingresar a un blog en el cual se expongan valores en dirección a lo que es el trading de opciones encontrarás opciones de participar en los foros de dichos blogs, lo interesante de todo esto es que una de las ventajas cuando lo realizas directa-mente por medio de esta plataforma muy probable-mente tengas una conexión directa con el experto que sería el que modere dicho blog.

Sin embargo no es el único método, existen más aun, por ejemplo foros que se activan de manera espon-tánea a través de los videos en plataformas como youtube, los que surgen en medios como las redes sociales, incluso podrías proponer dichos foros por medio de las redes sociales, y muchas maneras más solo consta en estar pendiente y sacar partido de ello.

- *Blogs*: como lo mencionamos antes, por lo general aquellos que son expertos en la materia utilizan herramientas como los blogs para para exponer de distintas maneras y con fines diversos todo su conocimiento, la recomendación sería estar en búsqueda de los mejores exponentes de estos temas y convertirte en un visitador continuo de su sitio web.

- *Podcast:* esta es una plataforma que cada vez va en mayor auge, muchos son las personas que deciden llevar a cabo sus proyectos por medios como este, por lo tanto se convierte en una excelente herramienta donde encontraras cientos de post que pueden abrir tus ojos al conocimiento del trading de opciones.

- ***Resultado de imagen para trading books:*** el mundo del trading está repleto de graficas e imágenes que son de alguna manera indicadores de factores diversos relacionados con el comportamiento del mercado financiero, por ello se hace completamente importante y además necesario que aprendas lo más que puedas respecto a las correctas interpretaciones de los resultados de estas imágenes.

Cuentas demos

Esta estrategia resulta altamente efectiva para adquirir cierto nivel de experiencia dentro de lo que es el mundo del trading, desde luego salvando las enormes distancias que podría representar una cuenta demo con la realidad, podría servir para por lo menos ir familiarizándote con este tipo de plataformas, con esta herramientas puedes aprender asuntos como la manera de invertir sin ningún problema, pues no pones en riesgo tu dinero ya que manejas solo un saldo virtual no real.

Lo importante es entender que una cuenta demo no se está tratando de ninguna manera de algún tipo de juego, tienes información sobre procesos reales dentro del mercado de inversiones y tu interacción con el demo podría hacerse basado sobre situaciones reales a fin de ir conociendo cuales son las maneras de manejarse dentro del comportamiento del mercado, pero insisto sin poner en riesgo tu dinero.

De manera que para que puedas sacar el mejor provecho de ellas debes considera algunos consejos de mucha importancia.

- *Metete en el papel:* no observes la plataforma demo como algo irreal, sino que comienza a trabajar sobre ella con toda la seriedad que ameritaría en los casos que fuese real, es decir tómatelo en serio, vívelo de verdad, solo así podrás lograr desarrollar un comportamiento adecuado que te será muy útil a la hora de estar frente a la plataforma real.

Debes sacar de tu mente por completo que se trata de dinero virtual y considera tener el control sobre él como lo tendrías con tu dinero real, de manera que debes actuar con la misma disciplina que lo harías con tu dinero, pues pese a que si pierdes el dinero virtual que te ofrece una cuenta demo no te descapitalizas realmente en términos financieros, si lo harías indudablemente en asuntos de tiempo y aprendizaje.

- *Considera con sinceridad el tamaño de tu cuenta:* muchos de los bróker en línea te ofrecen un saldo fijo por defecto al abrir tu cuenta, esto está bien pues se trata es de empezar a jugar con el dinero en términos de inversiones, sin embargo no hay nada mejor que convertirlo en lo más realista posible, sin embargo hay plataformas que te permiten elegir el saldo con el cual iniciaras tu trabajo virtual.

Lo más recomendable siempre seria que consideres la idea de elegir un saldo lo más ajustado a la capacidad real que tendrías para invertir, así le darías mayor valor realista a tu entrenamiento

- *No te apresures:* muchos caminan de manera muy precipitada y creen que apenas con un par de días ya son expertos, y en seguida deciden pasarse a una cuenta real, no lo hagas, por ninguna razón, repetiré, no lo hagas, es muy importante que tengan la mayor cantidad de práctica posible para que al fin manejen con mucha fluidez el demo.

Debes lograr que tu sistema de trading demo sea tan sustentable como sostenible a lo largo del tiempo, si esto no logras realizarlo en una cuenta demo, ¡créeme! No será más fácil en una cuenta real, donde está tu dinero en riesgo de perderse.

Conocer las reglas y restricciones

Es absolutamente necesario y por demás importante conocer cuáles son las reglas que el trading de opciones pueda tener en tu lugar de origen, además de las posibles restricciones, de esta manera aseguraras que tu futura inversión no corra con riesgos de incurrir en errores de legalidad y esto luego pueda traducirse en un riesgo para tu capital.

Para darte un ejemplo más amplio, hay países en los que podrás encontrar reglas que son estipuladas por la autoridad reguladora de la industria financiera "FINRA" (por sus siglas en inglés) sobre el trading de opciones, estas indican por ejemplo que si vas a realizar un número superior a cuatro operaciones durante el lapso de cinco días hábiles deberás contar con un capital de al menos 25000 dólares en tu cuenta.

Indaga sobre lo referente a impuesto en tu país

Los ingresos que se puedan percibir en cada país podrían tener su propia formulación legal, de manera que se hace realmente importante que te pongas al día como funciona esto en tu lugar de origen, es decir, como percibe el sistema tributario de tu país las entradas que podrías obtener por conceptos como la práctica del trading de opciones, de manera que puedas estar completamente al día con tus asuntos tributarios de lo contrario podrías acarrear consecuencias duras.

¿Qué dice la ley vigente de tu país respecto al ingreso por estas vías?, debes saber si es percibido como ingresos personales, o quizás podrían asumirlo como ganancias de negocio, y si es así saber si se considera o no especulativo.

Nada es poco importante en este negocio, y menos cuando se trata de dinero y tributos exigidos por el estado, de manera que debes tener la más amplia información al respecto, lo recomendable siempre será que te pongas en manos de expertos en asuntos tributarios de manera que puedan brindarte toda la orientación necesaria sobre estos asuntos.

Hablemos de software automatizados

Alguien dijo en una oportunidad, *"todo lo que hagas siempre habrá una mejor manera de hacerlo"*, esto además de realidad, es una realidad que se cumple cabalmente en el mundo del trading de opciones; hacer usos de software que te peritan automatizar todo el proceso será una gran ventaja pues te brindara la oportunidad de hacer más operaciones de las que en realidad podrías llevar a cabo de forma manual.

Sin embargo debes ser consciente que para hacer uso de estas debes primero a través del trabajo incesante y la experiencia que adquirirás en este proceso, haber desarrollado algunas estrategias efectivas que luego serán las que aplicaras para programar sus criterios, de manera que un algoritmo será el encargado de realizar las operaciones tal cual como si se tratara de tu trabajo manual pero de manera automatizada.

La realidad es que la mayoría de las operaciones que se llevan a cabo a través de las plataformas virtuales de trading son hechas de forma automatizadas, para ello vamos a ver cuál es la manera en que funcionan estas plataforma y como pueden ayudarte a llevar a cabo grandes operaciones de manera muy confiables.

- Lo primero que hace es realizar un profundo análisis de la tabla de precios
- De igual forma elabora un estudio para determinar la tendencia del mercado en el momento del análisis.
- De manera automática determina algunas señales
- Efectúa automáticamente operaciones de divisas en pares, las cuales cuentan con un alto potencial de obtener ganancias

Prepara tu estrategia de gestión de riesgos

Ya lo hemos dicho antes y aquí lo traemos de nuevo porque es de vital importancia, todo tiene riesgos, todo lo que emprendas implica un nivel de "peligro" en este caso para tu dinero, lo que implica tus finanzas, por ello debes prepárate en el tema de gestión de riesgos.

Podríamos usar de ejemplo una de las principales De acuerdo a muchos expertos en la materia nunca es bueno arriesgar más del 1% en una sola acción que realices, de manera que si en tu cuentas posees un saldo de 20000 dólares, lo máximos que vas entonces a invertir serán 200 dólares, y solo será cuando esta inversión se convierta en resultados positivos que consideraras aumentar el nivel de operación a un 2% o un máximo de 5%.

No importa si se trata de operaciones que se lleven a cabo a diario o de opciones semanales, lo que es verdaderamente importante es que se tenga una estrategia efectiva de gestión de riesgos, esto es lo que te ayudara a reducir tus perdidas a su mínima expresión.

4

TIPOS DE OPCIONES EN EL TRADING DE OPCIONES

*L*a lista de las "opciones" de trading de opciones podría resultar verdaderamente amplia y aunque haremos una breve descripción tratando de ser lo más puntuales posible, vamos a empezar por mencionar que existen dos tipos principales de trading de opciones.

Opciones put

Dicho de otra forma las opciones put serían lo mismo que una opción de venta, un ejemplo práctico para entender lo que es una opción de venta o una opción put sería la de definirlo como una especie de "preventa" sin embargo esta posee como característica principal que le da al poseedor el derecho mas no necesariamente la obligación de realizar la venta del activo que posee dentro de ciertos tiempos estipulados por el mismo contrato.

La característica principal que tiene este tipo de acciones es que a realizar la adquisición esta tiene siempre una tendencia hacia la baja, de manera que corresponde esperar que la cotización de dicho activo subyacente se sitúe por debajo del precio que sería en este caso equivalente al precio del ejercicio de la opción, de manera que convenga restar el valor de la prima (ósea el costo inicial de adquisición del contrato) en tiempo que no supere a la fecha estipulada de vencimiento de dicha opción.

Opciones de call

Al sentido inverso del anterior, es la opción que le otorga al comprador la posibilidad de comprar un activo aunque a ciencia cierta no tenga la obligación de realizar dicha compra sobre el activo subyacente por un precio determinado en la fecha que se haya acordado en dicho contrato.

La adquisición de uno o del otro será una opción de acuerdo a la visión estratégica que hayas logrado desarrollar respecto al comportamiento del mercado, es decir las opciones put serán consecuencias del análisis que arroja como conclusión que el valor ira en bajada y cuando realizas la de call es porque lograste un visión completa a la antes mencionada.

Pero además de estas dos opciones que como ya hemos mencionado vendrían a ser las dos principales "opciones del trading de opciones existen una lista aun mayor, vamos a evaluar cada una de ellas a continuación.

- *Opciones de acciones (stocks options):* los stocks option u opción sobre acciones es un derecho que algunas empresas conceden a sus empleados de adquirir acciones de la empresa cuyo derecho solamente será concedido bajo ciertas y determinadas circunstancias específicas, la intención será crear una especie de vinculación entre el ejercicio del trabajo y los resultados de las mismas.

Una de las características de este tipo de negociación es que se da como resultado de una intención por parte de la empresa de remunerar a sus empleados, en realidad por regla casi que sine qua non es una oportunidad que se otorga a los empleados de alto rango, el precio ya estaría previamente acordado que por cierto casi siempre es por debajo de los precios con los que normalmente saldrían al mercado financiero.

Dentro de esta posibilidad se debe considerar algunas de las variables que interfieren en el proceso de adquisición, estas podría radicar en la cantidad de acciones que tendrían derecho a adquirir, el "precio de ejercicio" es decir el precio por el cual le es permitido adquirir dicha acción, y por último el plazo que se le otorga para ejercitar la opción.

- *Opciones de índice:* el concepto de las opciones de índice serian exactamente igual a las opciones por acciones, lo que lo haría variable en todo caso sería que la subyacente para este caso exclusivo sería el índice, de manera que no se hará una entrega de acciones al beneficiario sino que en su lugar debe realizarse una liquidación en efectivo en su fecha de vencimiento y esto justamente porque no existe la posibilidad de compra y venta de acciones.

Existen dos maneras de efectuar las opciones sobre índice o dicho de otra manera dos estilos de ejer-cerla, que serían el estilo americano y el europeo; en el modelo americano las acciones pueden ser ejercidas en cualquier momento, mientras que en el modelo europeo solo podrán ser ejercidas en el momento de su vencimiento.

- *Mini opciones de índice:* las mini opciones de índice vendrían a ser exactamente igual a las opciones de índices como las mencionadas anteriormente, solo que en este caso se operara bajo un 10% de la totalidad de dicho contrato, esto vendría a representar la oportunidad para que aquellos operadores de opciones que posean un capital estrecho dentro de sus capacidades, puedan también sacar provecho de las negociaciones del mercado más amplio, es un modelo excelente de inclusión para aquellos con menor capacidad de inversión veamos brevemente algunas de las ventajas que otorga este modelo de contrato.
- Son mucho más económicas y accesibles que las opciones sobre índices regulares
- resulta ser una réplica exacta de su mismo índice subyacente
- pone a su disposición una cobertura parcial contra las opciones de índice

lo mencionado anteriormente serían las principales ventajas que se podría encontrar en las operaciones de mini opciones de índice, sin embargo en realidad debemos aclarar que no serían para nada las únicas, es fácil seguir mencionando otras opciones como por ejemplo el hecho de que podrían tener un amplio valor extrínseco lo que sería resultado de una menor liquidez.

- *Opciones sobre futuro:* en esta modalidad de contrato, el comprador tiene la opción de ejercer una acción a futuro sobre la acción, sin embargo igual que algunas de las anteriores esto no implica una obligación de asumir dicha acción, esto, solamente en algún momento que sea antes del vencimiento de la opción.

Por su parte el vendedor de las opciones sobre futuro se verá en la obligación de llevar a adoptar la posición opuesta de futuro cuando el comprador haga uso de este derecho.

5

LAS MEJORES PLATAFORMAS PARA HACER TRADING

*T*al y como lo hablamos en capítulos anteriores, es de completa importancia que a la hora de decidir hacer trading se preste mucha atención a cual será la plataforma a la cual le sacaras provecho para llevar a cabo el propósito de ingresar en el mundo del trading, debes recordar que como bien decíamos, existen un numero inmenso de estas plataformas a tu disposición, sin embargo el asunto real consiste en encontrar no cualquier plataforma sino aquella que se adapte a los requerimientos personales que ya puedas tener trazado.

Pero además se requiere una plataforma que posea todas las herramientas necesarias de manera que se pueda optimizar su trabajo, y la experiencia del trading se convierta en una manera satisfactoria de ganar buen dinero a través de este mercado.

Por lo mismo te presentaré algunas de las opciones que si bien en sí misma podría tener algunas ventajas o debilidades, estas plataformas de las que te hablaré a continuación son sin duda alguna las más representativas en este nicho en la actualidad.

X-trade brokers DM

Mejor conocida en el mundo del trading como "XTB" es una plataforma de bróker que comenzó a funcionar a partir del año 2002, esta plataforma con más de quince años en el mercado financiero se ha consolidado como una de las plataformas más recomendadas y con excelentes comentarios por parte de los usuarios que han hecho uso de ella, esta plataforma tiene presencia en más de 14 países y por la amplitud de sus operaciones, es una plataforma reguladas por alguno de los organismos internacionales sobre finanzas más importante.

El XTB es básicamente una plataforma en línea en la que tienes la posibilidad de realizar operaciones financieras muy variadas, con una alta gama de instrumentos financieros, lo que le otorga la virtud de ser una de las favoritas dentro del mercado.

En esta plataforma puedes hacer inversiones por encima de 50 pares de divisas, además de materias primas y desde luego cfd sobre acciones, en tiempos recientes ha ampliado su abanico de oportunidades ofreciendo a sus clientes la posibilidad de comprar acciones y ETFs en modalidad de contado.

Vamos a evaluar brevemente algunas de las características que hacen que esta plataforma sea una de las favoritas dentro del mercado financiero, y por demás recomendada por un alto número de usuarios a nivel mundial.

- *Hablemos de seguridad:* si en algo deben fijarse y prestar especial atención todos aquellos que están en busca de una plataforma que te permita hacer trading de una manera segura, en la que arriesgues lo menos posible tu capital, sin duda es en el tema de la seguridad, prestar atención es importante para determinar que esa plataforma que elijas sea una plataforma segura, ahora bien, ¿cómo podemos determinar que esta plataforma sea o no segura?, veamos.

Principal y fundamentalmente la manera más

sencilla de determinar si una plataforma es segura o no estará fundamentado básicamente en el hecho que cumpla con ciertas regulaciones dentro de la Unión Europea y de igual manera dentro de los Estados Unidos, y que además de esto se apegue fielmente a las normativas de los organismos de regulaciones internacionales más rigurosos.

En lo relacionado entonces con la plataforma X-trade Broker podemos añadir que esta se encuentra avalada por la autoridad de servicios financieros, esta es la que se encarga de regular el funcionamiento dentro de gran Bretaña de las operaciones que llevan a cabo las firmas de corretaje además de las diferentes firmas financieras.

Las tarifas

En términos generales se puede decir que XTB maneja costos de comisiones que no se podría catalogar ni de exageradas o abusivas, en realidad sus comisiones son realmente aceptable, pese a esto es importante aclarar que las diferentes opciones de trading en línea manejan diferentes opciones de tarifas propias y podríamos observarlas de la siguiente manera:

- *Forex:* en el caso de forex el promedio del

diferencial vendría a ser de 0,28 pips, pero todo esto es perfectamente variable de acuerdo a la volatilidad.

- *En cuanto a acciones:* si el deseo es operar en acciones, considera que las comisiones en este caso particular vendrán a ser de 0.08%.

- *Sobre materias primas:* en el particular caso de los commodities o materia prima, los spreads podrían llegar a variar dependiendo siempre del caso particular de cual sea la materia prima de la que estemos hablando, por ejemplo, si se trata del oro podrían estar ubicados de manera constante entre un 0,21 y 0, 26 pips, esto solo a manera de ejemplo, para cada rubro habría un porcentaje distinto dependiendo de su cotización dentro del mercado.

- *Índices:* normalmente aquí las tarifas están ubicadas en un 0.08%, considerando desde luego como una tarifa mínima de operaciones de 8 dólares, mientras que la transacción más baja se ubicaría en 50 dólares.

- *Criptomonedas:* para los casos de las criptomonedas más conocidas como Ripple y Dash, Ethereum, Bitcoin y Litecoin los spreads irán desde 0.014 pips.

Ventajas de la plataforma XTB

Entre las ventajas que podemos enumerar de esta plataforma particular podemos encontrar algunas que pretendo mencionar a continuación, sin embargo es importante recalcar que estas podrían variar de acuerdo al tipo de cuenta en la que te des alta dentro de esta plataforma:

- En primer lugar y para los que estén iniciando en el mundo del trader uno de los beneficios que ofrece esta plataforma es que te ofrece una amplia comunidad de trader de los que sin duda alguna podrías enriquecer tus conocimientos.
- Además de ello cuentas con una escuela de trading método trading.
- Por otro lado de esto cuentas con una modalidad de alerta de trading en bancos de inversión.
- Cuentas también con ejecutivos financieros personalizados que pueden brindarte el apoyo que necesitas sobre todo en el caso de los que están en fase inicial.

- Y además de todo eso te realiza un análisis de cartera y la monitorización de posiciones.

Etoro

Esta plataforma cuya sede principal se encuentra en Chipre fue fundada a mediados del año 2007, esta red es realmente muy interesante, es que es así que cuenta en la actualidad con más de 5.000.000 de usuarios trabajando a través de ella, tiene además presencia en más de 140 países.

La afiliación en esta plataforma es relativamente sencilla por lo que la hace verdaderamente atractiva para muchos, por ejemplo, basta con llenar el formulario que encuentras en su plataforma en línea y depositar el capital que requieres para tus inversiones, nota importante es que el monto mínimo que te exige este bróker es de 200 euros.

Son varias las posibilidades que vas a encontrar con la plataformas de bróker Etoro, que te permitirán trabajar en varias áreas de brading, por ejemplo la plataforma webtrader que inicialmente era conocida como la plataforma a través de las que se gestionaban las carteras de este bróker, la simplicidad de su interfaz no es necesariamente un limitante de la modernidad que esta emplea en su diseño, además que integra variadas herramientas por demás prácticas.

Pero el verdadero trampolín que lanzado esta plataforma bróker al éxito en realidad ha sido la "Openbook" esta hizo su aparición para el año 2011, y cabe señalar que dentro del mercado de los bróker fue esta la que primero propuso la función del trading social, ósea que fue la primera que estableció la posibilidad de crear comunidades de trader que pudieran comunicarse y así compartir ideas, experiencias como herramienta para ampliar su conocimiento, ofrecerse ayuda entre otros.

Herramientas y funcionalidades

La característica principal de este bróker suele ser el hecho de perfilarse como un corredor que siempre se mantiene en proceso de innovación, cuyo propósito principal es poner a la orden de sus usuarios las más importantes herramientas y por supuesto funcionalidades, que resultan altamente prácticas, entre ellas podemos mencionar algunas de las más importantes como:

- *Órdenes "stop y limit:* el beneficio principal que ofrece esta herramienta novedosa es la capacidad que otorga de la posición en que se encuentra, tomando los beneficios que surgen en el momento indicado y teniendo entonces la precaución de cortar las perdidas en el caso que el mercado marque una tendencia negativa.

- *Watchlist:* esta herramienta es la que permite que el bróker pueda llevar un cercano seguimiento de algunos activos en particular.

- *Flujo de noticias:* esto lo realiza en tiempo real, a través de esta herramienta podrás seguir de cerca las noticias sobre el comportamiento del mercado a nivel mundial y así poder realizar constantemente los análisis necesarios para sus posibles inversiones resulten ser de la manera más segura posible.

- *Excelencia en sus diseños:* esta plataforma tiene como característica fundamental el respeto a la ergonomía de sus diseños, cuenta con gráficos admirables además de intuitivos que además poseen la característica de poder ser personalizados para que pueda adaptarse a tu propio estilo o mejor aún a las necesidades informativas que requieras, o para priorizar por ejemplo cuales son los indicadores mas rentables.

- *Trading social:* no podría pasar por alto una de las características que de hecho resultó ser históricamente una de las mejores novedades que incluyó esta plataforma, tal y como hemos mencionado antes, es esta característica que le otorgó la mayor reputación que posee este bróker.

A través de esta herramienta puedes seguir en tiempo real el posicionamiento de los mejores trader de la plataforma, pero más aún te brinda la opción de que puedas copiarlos de manera automática, y desde luego cuentas con la posibilidad de conversar con estos trader para que puedas aprender sobre sus estrategias particulares.

Ventajas de Etoro

Indudablemente como ya hemos visto, una de las ventajas que ofrece esta herramienta o plataforma de bróker on line es sin duda la facilidad que puede otorgar el uso de sus herramientas, de hecho es esa la razón que lo ha hecho tan altamente popular y utilizable, pero además de ello y aunque ya lo hemos detallado antes, no podemos dejar de mencionar dentro de este apartado otra de las característica que posee y desde luego siempre resultara ser uno de los aspecto con el que se pueda identificar Etoro y es sin duda su herramienta de trading social.

Las razones por la cual esta característica la hacen tan especial y desde luego perfila como una de las cualidades que se convierte en una de sus más grandes ventajas ya fueron expuesta anteriormente, por el momento vamos a evaluar entonces cuáles serían esas otras cualidades que posee que sin duda lo convierte en una de las mejores opciones o se posicionan como esas ventajas que esta plataforma podría tener sobre otros bróker.

- *Sección de noticias:* esta es una gran oportunidad de mantenerte completamente informado sobre cómo está el mercado actualmente, así podrás realizar tus análisis positivos basado en estadísticas reales, incluso creadas por ti
- *Comisiones claras:* uno de los mayores problemas que podría existir en algunas plataformas o bróker podría ser tener que acudir a factores externos para poder calcular las comisiones, sin embargo en el caso de Etoro, todo está expresado de manera real y sencilla de modo que puedas

entender perfectamente el tema de tus comisiones.

- *Apalancamiento:* esto es una excelente ventaja que puedes obtener a través de este bróker es el tema del apalancamiento, de manera que te permite hacer inversiones por encima de tu capital real.

Desventajas

- *Cuota mínima:* esta se perfilaría como una de las principales desventajas la cuota mínima exigida por este bróker es de 500 dólares, situación que podría ser altamente limitante para algún aspirante con baja capacidad de inversión.

- *Cuota de copiado:* ya hemos mencionado que una de las ventajas que te ofrece esta plataforma era la posibilidad de copiar pero hasta cierto punto se tornaría una gran desventaja, los costos que te exige la plataforma para invertir en ese sistema de copiado instantáneo que sería de un mínimo de 200 dólares, esto sería de verdad algo contraproducente para aquellos pequeños inversionistas que no cuenten con mayor capital de inversión.

Darwinex

Esta plataforma además de ser un bróker que te permite realizar varios trading en variadas modalidades de activos, te permite entre otras cosas realizar gestiones de activos financieros, su centro principal de operaciones se encuentra ubicada en Londres a pesar que sus creadores son de nacionalidad española.

Al igual que muchas las plataformas mencionadas anteriormente, esta nos debe brindar tranquilidad ya que este bróker también se encuentra regulado por la "FCA", ya que como sabemos es una de las reguladoras del mercado financiero que impone condiciones altamente exigentes a las plataformas bróker, esto es un referente inconfundible de seriedad y de estar ante una plataforma garantizada.

El proceso evolutivo de darwinex se ha basado fundamentalmente en ampliar la oferta de activos financiero sobre los cuales llevar a cabo operaciones, pese a que al principio solo permitía realizar operaciones con forex, en la actualidad la carpeta de instrumentos financieros con la que nos permite llevar a cabo el trading es verdaderamente amplia, veamos algunos de estos instrumentos financieros de los que hablamos:

- El número de divisas que podrías encontrar para trabajar en este bróker para forex seria alrededor de 39 pares.
- Te permite desarrollar tu trabajo con un total de hasta seis materias primas como por ejemplo el oro, el barril de petróleo y la plata.
- Además permite también trabajar divisas como Bitcoin y Etherium entre otras de las más importantes a nivel mundial.
- También te permite trabajar con un buen número de índices mundiales como el SP 500, el Nasdaq y el dow jones.
- Por ultimo cuentas con un total aproximado de 239 acciones americanas.

24 Options

De acuerdo a la rigurosa opinión de muchos de los que la han analizado incluyendo el alto número de personas que la han utilizado como plataforma de bróker, esta resulta ser una de las más confiables, esta plataforma viene realizando sus labores financieras a partir del año 2010 teniendo un crecimiento realmente significativo al punto que lo ha hecho merecedora de algunos importantes reconocimientos como por ejemplo la mejor plataforma de trading para el año 2013-2014.

Una nota importante que debes considerar y tener en cuenta que hace esta plataforma profundamente especial para los países de habla hispana, es que este bróker es el único que cuenta satisfactoriamente con un soporte que está completamente en español y además que cuenta con la regulación por parte de CySec además de la Unión Europea.

Otro de los elementos que lo hace realmente interesante es la capacidad que ofrece para realizar negocios con unas característica que lo convierten en muy sencilla, de manera que puedan perfectamente realizar operaciones financieras desde un experto hasta una persona que se encuentre relativamente nueva en el mundo del trading, entre otras cosas esto se debe a que cuenta con una estructura basada en la educación dentro de este nicho, que incluiría detalles como toda una estructura de cursos on line, asesoramiento directo constante y seguimiento de noticias de manera diaria, para poder ir evaluando en tiempo real el comportamiento del mercado.

Dentro de esta plataforma vas a encontrar varios tipos de cuenta, y será tu completa decisión cuál de ellas será la que tomes para empezar a desempeñar tus labores en el mercado financiero.

- *Cuentas básicas:* aquí encuentras una introducción a la plataforma, además un gestor de cuentas pero sobre todo es resaltante que podrás disponer de seminarios, el bróker 24Options te dará a manera de orientación una interesante introducción a los mercados financieros, tendrás acceso a una cuenta demo en la que contaras con un total de 100.000 euros virtuales.

- *Cuentas gold:* en las cuentas Gold se hace una adición de una explicación de la gestión de riesgo, pero lo mejor de todo es que esta no generará un gasto adicional ya que no necesitaras cancelar cargos de mantenimiento.

- *Cuentas platino:* en este tipo de cuentas tendrás gerente de cuenta sénior, además cuenta con acceso de trading central y te otorga completamente gratis un curso para desarrollar el manejo adecuado de MT4

- *Cuentas VIP:* acá no hay mucho que decir ya que esta cuenta está dirigida exclusivamente a operadores altamente profesionales.

Entre la serie de herramientas y beneficios que puede ofrecerte 24Options además de los elementos que ya hemos mencionado, podríamos agregar otro grupo que le otorga mayor aceptación de quienes comúnmente hacen uso de estas herramientas para desempeñarse en el mundo de las operaciones financieras a través de los bróker web

Esta plataforma ofrece por ejemplo un canal de noticias, a través de esta podrás encontrar informes actualizados de los mercados de activos más importantes a nivel mundial, además incluyen noticias de alta relevancia que podrían de alguna manera afectar el mercado de las divisas en los CFDs

Además de esto los usuarios que poseen acceso al trading central, tienen la maravillosa oportunidad de acceder a un análisis completo y detallado de mercado, cuya finalidad vendría a ser la obtención de información, lo cual es una herramienta útil por demás para orientar a los trader a encontrar oportunamente y en tiempo real algunas tendencias y patrones dentro del mercado.

Un maravilloso beneficio que encuentras con esta plataforma bróker vendría a ser el hecho de contar con soporte técnico las 24 horas del día, se trata de un apoyo de manera personal y altamente profesional, en este sentido cabe destacar que los mecanismos de asesoría podrían ser varios, de acuerdo a la necesidad pero todos muy efectivos, por ejemplo, cuentas con una sala de chat en vivo, además puedes establecer contacto vía telefónica y por supuesto a través del correo electrónico, insisto, dependerá en todo momento de cual sea la premura para elegir cuál de estos mecanismos utilizar.

Avatrade

Si se trata de forex una de las opciones para operar que resultan altamente efectivas será esta, avatradex marca sus inicios para el año 2006 y la crítica sobre esta plataforma desde sus inicios ha sido muy positivas, lo importante y por lo cual se encuentra en esta lista de recomendación, es que al igual que las anteriores, se encuentra regulada por organismo de alta relevancia, lo que es una forma de considerar entonces la seriedad que puede representar en términos de garantía y seguridad.

El crecimiento de dicha plataforma por lo antes dicho ha sido una constante, por las características mismas de la plataforma, de manera que si estas nuevo en este mundo del trading y estás buscando una plataforma en la que confiar, sin duda que puedes enfocar tu mirada en esta.

De acuerdo al tipo de cuenta que decidas trabajar, y dependiendo igualmente de la plataforma a través de la cual el trader considere operar, podrá obtener spreads fijos pero además variables, que partirán a partir de 0.9 pips.

Muy a pesar de la popularidad que posee este bróker, hay que tener claro que esta ofrece pocas cuentas, lo que sin embargo no tiene que ser algo completamente negativo, ya que igualmente puedes ejercer la ejecución de todo a través de ella, dicho de otra forma se trata de que ellas no te limitaran todas las funciones que puedas realizar, en Avatrade; estas cuentas de las que hablamos son:

- *Cuenta real:* es decir, se trata de la cuenta que debe aperturar todo trader que desea operar con ella, posee las características necesarias que se requieren para realizar sus operaciones dentro del mercado financiero sin problema alguno.
- *Cuenta islámica:* esta cuenta está pensada

exclusivamente para aquellos operadores de origen musulmán que tengan el deseo de realizar inversiones sin comprometer de ninguna manera sus convicciones religiosas, cuenta con las mismas características que la cuenta anterior, pero con ciertas restricciones basadas en los principios islámicos.

- *Cuenta demo:* con la cuenta demo podrás contar con un saldo de carácter virtual con el fin de que puedas comenzar a practicar dentro de la plataforma pero realizando operaciones exactas a las que llevarías a cabo con una cuenta real.

Sin embargo pese a que no mencionemos otras podemos garantizar que existen otras plataformas que podrían resultar de interés para ti, tal como ya lo habíamos dicho es solo cosa de indagar, y obtener mayor información, de esta manera podrás encontrar la plataforma bróker que se ajuste de manera satisfactoria a tus propias necesidades.

6

VARIABLES PARA ELEGIR LA PLATAFORMA TRADING MÁS CONVENIENTE

*T*al y como hemos visto en el capítulo anterior, plataformas para desarrollar un trabajo de trading vía internet son muchas, de hecho hay unas tantas que deben ser observadas con recelo por precaución, ya que estamos hablando de la inversión de nuestro dinero, se trata de nuestros recurso y capital, de manera que no resultaría para nada prudente crear usuarios y comenzar a desarrollar trading con cualquier plataforma que aparezca, lo importante será entonces prestar atención a esas variables que resultan determinantes para que nuestra opción resulte la más segura, practica, versátil e incluso educativa.

Evaluar las regulaciones

Una de las características que debes prestar tu absoluta atención y este requisito es invariable e innegociable por el bien de tu capital que resulta ser tu materia prima en este proyecto de trabajo es el tema de la regulación; aunque cada plataforma podría gozar con regulación en cada una de los países en los que se encuentre, no pierdas de vista el hecho de que sea regulado fundamentalmente por la FCA (autoridad financiera del Reino Unido) o el CySEC (comisión del mercado de valores de Chipre)

Las plataformas bróker de trading pueden que no estén reguladas por estos organismos, pero muestren un tipo de regulación que estará basado en la legislación al respecto dentro de los países de origen, pero la recomendación de estos es de vital importancia ya que son las instancias internacionales las que se presentan con mayor rigor ante estas plataformas.

Facilidad de uso y funcionalidad

Efectivamente y como ya hemos mencionado anteriormente todo dependerá de con que plataforma quieres operar, evaluaciones particulares como tu interés sobre el apalancamiento y otros factores de interés personal vendrán a ser lo que determinara cual será la plataforma bróker que resulte de mayor beneficio para ti.

Sin embargo a modo de recomendación y dada la idea de que apenas te estés iniciando en el mundo del trading, los dos elementos principales a los que debes dirigir tu atención sin duda vienen a ser que el bróker que elijas para llevar a cabo tus operaciones financieras, cuenten con lo siguiente:

- *Facilidad:* en efecto, la mejor manera de evitarte confusiones o malos entendido en el proceso de negociación, debes evaluar que el bróker sea fácil de manejar, por ejemplo que detalle muy bien los valores de acciones o que cuente con graficas que sea de fácil comprensión.

Se recomienda entonces mirar con mucha atención aquellas plataformas que te puedan ofrecer beneficios como cursos, o el contacto dentro de la misma plataforma con otros trader con los que puedas obtener información necesaria, orientación entre otras que contribuyan con tu progreso dentro del mundo de trading.

Por otro lado también es altamente beneficioso

prestar especial cuidado a aquellas que ofrecen asesorías personalizadas con la cual te aseguraras que podrás contar con dicha herramienta para salir de algún aprieto en el que te puedas ver envuelto.

- *Funcionalidad:* este elemento indudablemente está estrechamente ligado al punto anterior, se podría decir de hecho que uno depende el otro, es que justamente la funcionalidad que encuentres en dicha plataforma, será la garantía de que los trabajos que vas a desempeñar a partir de tu afiliación en dicha plataforma serán más fáciles, o al menos más accesibles o manipulables.

Comisiones

Sin duda y esto es algo que en realidad debe ser intrínseco, es evaluar con detenimiento el nivel de ganancia que puedes obtener a través de cada una de las plataformas para desarrollar trading antes de afiliarte definitivamente a alguna de ellas, por ello debes prestar especial atención a elementos como, la diversidad de comisiones que existen en trading, debes considerar de igual forma que las comisiones que puedes obtener en un bróker pueden variar de acuerdo al activo con el cual planeas operar.

Existen además una diferencia significativa (y en esto se debe tener especial cuidado) entre las comisiones de trading que son de más bajo costo y las comisiones de aquellos trading típicos.

CONCLUSIÓN

Todo lo anterior nos deja un buen argumento para poder tomar acción de ingresar en el mundo del mercado financiero, lograrlo es completamente posible, pero más aún es altamente beneficioso para aquel que tome la determinación seria de enfocarse en hacer negocios a través de este modelo de trabajo, que sin duda a resultado altamente efectivo para muchos.

Queda claro que operar con opciones es indudablemente muy beneficioso, si usas las estrategias adecuadas, podrías tener la posibilidad de que cada operación representa siempre un margen de ganancia, como vimos, la inversión que vas a llevar a cabo en este modelo de trading será siempre más bajo que si decides comprar directamente acciones, pero no solo eso o hace atractivo sino aún más su alto índice de probabilidad de lograr obtener ganancias.

Si evalúas las coberturas que te puede otorgar el uso estratégico de las opciones, resulta también un elemento que podrías considerar como un enorme potencial y beneficio, esas opciones te brindan tal y como lo hemos visto, la posibilidad de poder cubrir la totalidad de una cartera completa de acciones.

Además, la diversidad, los grandes beneficios la posibilidad de acertar un negocio en el que otros estarían perdiendo, son causas más que suficiente para echar mano del trading de opciones.

Sin embargo hay que considerar que nada de lo que se quiera en la vida se da de manera fortuita, se requiere alta preparación y para ello la disciplina es vital, sobre todo en una modalidad de negocio en el cual entrara en juego el capital activo que puedas poseer, debes entonces con mayor ahínco enfocarte en lograr desarrollar las cualidades necesarias para evitar perder tu inversión.

Se dice que es la práctica la que hace al maestro, entonces tal cual como ya hemos evaluado en diferentes capítulos, si estás recién empezando en el mundo del trading jamás deberías dejarte llevar por la prisa y los deseos incontrolables de meterte en el negocio, lo primero que debes hacer luego de estudiar cada uno de los pasos correspondientes, es evaluar la plataforma bróker que resulte más práctica para ti, y que cuente con la opción de una "cuenta demo" y comienza a practicar, tal como lo mencionamos tómalo con una seriedad tal como que se tratase de tu propio dinero, evalúa los movimientos de trader profesionales y asesórate lo más que puedas.

Solamente será esa la manera como podrás garantizarte a ti mismo que de verdad lo que estás haciendo no es poner en riesgo tu capital, sino activando la posibilidad de llevar tu vida financiera a lugares más elevados.

Pero no solo eso recuerda que para educarte en el área del trading de opciones existen muchos métodos, así que empezar a hacerlo ahora mismo es una completa posibilidad, comienza la búsquedas de libros, audiolibros, ingresa en el mundo de plataformas como spotify en la que seguramente encontrara cientos de podcast enfocados en el tema financiero, busca esas páginas o blogs que ofrecen recursos como cursos, video tutoriales y más, la verdad es que no hay ninguna razón para no comenzar a educarte desde ya mismo.

Una vez hayas logrado llevar a cabo un tiempo prudente de preparación y práctica, procura por cualquier medio hacerte de un asesor que te acompañe en los primeros pasos que vas a dar en medio de esta plataforma, y sobre todo no olvides algunos detalles importantes como las diferentes opciones que puedes encontrar en el mundo del trading de opciones, la recomendación que podría darte inicialmente, sería que trates de enfocarte en un área específica del mercado financiero, en una modalidad de inversión hasta que ya te conviertas en un experto y vayas al otro, dedícate por ejemplo a las opciones de acciones, o de pronto las opciones put o call y dedícale todo el tiempo que sea necesario para que te conviertas en un experto.

Y finalmente no olvides que se hace completamente vital prestar especial cuidado al tema de la plataforma bróker que vas a utilizar, toma en cuenta todos y cada uno de los consejos que hemos dejado para ti y asegúrate un mundo lleno de éxitos y triunfos en el mundo del trading de opciones.